ASSAINISSEMENT DE MARSEILLE

OBSERVATIONS

SUR LE

PROJET DE RÈGLEMENT

et de Tarification

RELATIF A L'ASSAINISSEMENT DE MARSEILLE

PRÉSENTÉES

Au Sénat et à la Chambre des Députés

PAR LE

SYNDICAT DES PROPRIÉTAIRES MARSEILLAIS

Pour la Défense des Intérêts de la Propriété Immobilière

MARSEILLE

IMPRIMERIE MARSEILLAISE

39, Rue Sainte 39

1891

ASSAINISSEMENT DE MARSEILLE

PAR LE

"TOUT A L'ÉGOUT"

Marseille, le 14 avril 1891.

Monsieur le Ministre,
Messieurs les Sénateurs,
Messieurs les Députés,

Sous peu, la Ville de Marseille va déposer sur le bureau du Parlement un projet de loi relatif à son assainissement et va vous demander de rendre exécutoire le projet de règlement et de tarification pour le jet à l'égout de ses vidanges que le Conseil municipal a voté dans sa séance du 20 janvier 1891.

A cette occasion, le *Syndicat des Propriétaires Marseillais pour la Défense des Droits de la Propriété immobilière*, directement intéressé dans cette importante question, croit devoir vous soumettre une partie des observations qu'elle avait versées à l'enquête ouverte à cet effet, à Marseille, au mois de novembre dernier, observations, il faut le dire, restées sans réponse, contrairement à tous les précédents.

Notre Syndicat a été le premier à demander l'assainissement de Marseille par le « Tout à l'égout », offrant dès la première heure de participer pour une partie dans les dépenses que devait comporter une œuvre aussi importante.

L'honorable M. Jules-Charles Roux, député et conseiller municipal, adoptait notre avis dans son remarquable rapport du 26 juin 1888, et M. le Maire le confirmait à son tour dans celui du 16 septembre 1890.

Confiant dans ces déclarations dictées par l'équité, notre Syndicat attendait une solution conforme, lorsque, à son grand étonnement, il a appris qu'une brochure contenant le rapport de M. Mireur sur le projet de règlement et de tarification relatif à l'assainissement de notre ville et la délibération du Conseil municipal du 20 janvier 1891 approuvant ce rapport, vous avait été adressée à l'insu de tous ceux qui, à Marseille, ont un intérêt dans cette question, espérant ainsi surprendre votre religion et obtenir sans bruit du pouvoir législatif une sanction nécessaire.

Il appartenait cependant à notre Syndicat d'employer tous les moyens pour connaître le contenu de cette brochure. Il y est arrivé en allant compulser lui-même le registre des délibérations et, à son grand étonnement, il a pu se convaincre que les 33,500,000 francs nécessaires à l'assainissement de notre ville étaient demandés aux seuls propriétaires, comme s'il était juste que 15,000 citoyens soient frappés par une mesure qui profitera d'abord aux 400,000 habitants de la ville, au département, et nous pouvons ajouter à la France entière, Marseille étant considérée comme la porte d'où arrivent ordinairement les épidémies qui ont, hélas! si souvent ravagé notre pays.

Si nous examinons, en effet, les voies et moyens par lesquels la Ville de Marseille se propose de se libérer des 33,500,000 francs nécessaires à son assainissement, nous voyons tout d'abord que dix millions sont demandés aux propriétaires par une taxe de 50 francs par mètre de façade et les vingt-trois millions restants également demandés à ces mêmes propriétaires par le paiement, pendant cinquante années, d'une redevance annuelle de 1 million 243,000 francs, soit pour les cinquante années, 62,420,000 francs, lesquels, ajoutés aux premiers dix millions, forment un total de SOIXANTE-DOUZE MILLIONS QUATRE CENT VINGT MILLE FRANCS ! et pour arriver à cette perception, notre Conseil municipal n'a pas hésité, outre les perceptions draconiennes contenues dans le règlement, à frapper nos immeubles d'une redevance qui atteindra pour certaines maisons plus du cinq pour cent de leurs revenus, c'est-à-dire bien supérieure à la rémunération due au service rendu.

Notre Syndicat ne pouvait ignorer que les propriétaires devaient contribuer à l'assainissement de la ville en transformant d'abord leur système intérieur de vidanges pour les mettre à même de jeter à l'égout dans les meilleures conditions d'hygiène. Ils savaient aussi qu'ils auraient à payer une redevance, sinon moindre, au moins égale à celle payée aux entrepreneurs de vidanges ; c'était d'ailleurs ce qui avait été convenu et promis.

Au lieu de cela que se propose-t-on de faire? D'exiger non seulement une transformation, mais un changement complet dont il importe que vous connaissiez le coût pour la grande majorité des propriétaires possédant un revenu de 1,500 à 6,000 francs, cette série formant, contrairement aux dires de l'Administration, plus de la moitié des 23,425 maisons de la ville.

1° Taxe de voirie à 8^m de façade F.	400
2° Puisard et conduite....... ..	400
3° Aménagement de cinq lieux en moyenne....................	1.000
4° Supplément d'eau	250
5° Redevance moyenne........	75
	2.125

Ce sera donc 2.000 francs et plus que l'assainissement de Marseille coûtera à chacun des propriétaires composant la majorité de l'agglomération, et encore nous ne comprenons dans ce nombre que ceux possédant déjà chez eux l'eau et les lieux ; la dépense sera certainement supérieure à 3.000 fr. pour les autres.

L'équité et la justice comportent-elles, après un si lourd sacrifice de notre part, l'obligation de payer encore pendant cinquante années une redevance de 75 francs en moyenne, alors qu'aujourd'hui, sans bourse délier et en nous conformant aux rigoureux arrêtés municipaux, nous ne payons aux entrepreneurs de vidanges qu'une redevance moyenne de 40 francs, presque la moitié ?

Notre Chambre ne l'a pas pensé ainsi, et tous les membres de notre Syndicat, auquel est venu se joindre la masse de propriétaires marseillais, ont décidé d'en appeler à votre justice.

1° *Pour porter à* DIX MILLIONS *la subvention de l'Etat, cette somme devant servir à payer pareille somme, due à l'entreprise, six mois après la réception des travaux.*

Le Département et la Chambre de Commerce *concourant à l'œuvre pour* DEUX MILLIONS, *il resterait encore à la charge des propriétaires un solde de* VINGT-UN MILLIONS CINQ CENT MILLE FRANCS.

2° *Pour enlever à la redevance nécessaire, au paiement des annuités ce caractère illégal que les auteurs du règlement persistent à vouloir lui donner et y substituer un mode de perception plus conforme à l'équité et à la justice.*

3° *Accorder aux propriétaires peu fortunés qui*

en feront la demande un délai de dix années pour le paiement des frais que leur occasionnera l'installation du nouveau système de vidanges.

4° Obliger la Ville de Marseille à pourvoir elle-même au nettoiement et à l'entretien du syphon obligatoire placé sous trottoir.

5° N'autoriser l'ouverture des travaux du grand collecteur, qu'après que la Ville aura établi une seconde canalisation amenant dans toutes les maisons de l'agglomération et aux plus hauts étages, sans interruption ni chômage, une eau potable et limpide.

6° Enfin, obliger la Ville d'ouvrir au budget municipal un chapitre spécial intitulé : "CONSTRUCTION, ENTRETIEN ET NETTOIEMENT DES ÉGOUTS", *avec défense expresse d'en distraire un centime des recettes, l'affectation n'en pouvant être changée, en aucun cas et sous aucun prétexte.*

Notre Syndicat a réduit à six ses observations sur le projet de loi concernant cette partie de l'assainissement de Marseille. Il laisse à d'autres, et notamment aux pouvoirs compétents, le soin de discuter et la partie technique et les conditions du marché, la responsabilité de ce chef leur incombant tout entière.

DISCUSSION DES OBSERVATIONS

1° Subventions

Le principe de la subvention ne peut être contesté. Tout le monde l'a ainsi compris et M. le Maire mieux que personne lorsque, dans son rapport du 16 septembre 1890 au Conseil municipal, il s'exprimait ainsi :

En ce qui concerne les moyens financiers par lesquels la Ville pourra s'acquitter de sa dette de 10 millions et des cinquante annuités de 1.224.350 francs, nous estimons que les droits fixes de voirie et les taxes de vidange que la Ville sera autorisée à percevoir, lorsque le projet de tarif et de règlement dressé par la Commission sanitaire et précédemment déposé sur votre bureau aura été approuvé par les pouvoirs publics, nous permettront, avec le montant de la subvention que l'Etat, le département et la Chambre de Commerce ne pourront pas nous refuser, de faire face à toutes les charges de l'entreprise. Comment, en effet, ces subventions pourraient-elles nous être refusées? Le Département a toujours subventionné les œuvres d'un intérêt général et même d'un intérêt local qui lui profitent directement. Il a donné à la Compagnie des Chemins de fer régionaux des Bouches-du-Rhône une garantie d'intérêt qui lui coûte près de 800.000 francs par an, et il se fait un devoir d'aider les communes pour tous les travaux nécessaires que leurs seules ressources ne leur permettent pas d'effectuer. Pourrait-il ne pas donner à Marseille, qui fournit le gros appoint du budget départemental, une subvention pour une œuvre sur l'importance de laquelle il n'est pas nécessaire d'insister et dont il retirera directement le plus grand bénéfice ?

De son côté, la Chambre de Commerce, qui n'a cessé de réclamer l'assainissement de nos ports, tiendra certainement à nous aider dans l'accomplissement d'une œuvre dont le commerce qu'elle représente plus directement sera le premier à bénéficier.

Quant à l'Etat, en nous donnant une subvention de 600.000 francs pour l'exécution du projet des Ingénieurs, dont le coût prévu n'était que de 1.200.000 francs, et en nous mettant ensuite en demeure d'exécuter par le « Tout à l'égout » l'assainissement complet de la ville de Marseille qu'il a toujours considéré comme étant d'UN INTÉRÊT NATIONAL, *il a reconnu lui-même le principe de la subvention qu'il devra nous accorder.*

Et M. le maire, d'accord sur ce point capital avec ses administrés, avait raison. L'Etat, le Département, le Commerce et l'Industrie, en un mot la France entière, ont le plus grand intérêt à voir Marseille et ses ports assainis. Pourquoi alors demander aux seuls propriétaires marseillais le paiement de 72 millions de travaux dont tout le monde profitera ? Ne serait-ce pas là une suprême injustice ? N'y aurait-il pas à craindre, si vous sanctionniez par une loi un projet pareil, que les propriétaires écrasés par ce nouvel impôt ne le fassent supporter à leurs locataires par une notable augmentation des loyers ? Ne vous éloigneriez-vous pas ainsi du but essentiellement démocratique auquel on veut tendre : celui de dégrever par tous les moyens possibles les petits loyers ?

Ce principe admis, est-ce trop demander à l'Etat en l'appelant à concourir pour *moins du tiers* de la dépense, soit 10 millions ?

Le Département et la Chambre de commerce pourraient-ils hésiter à contribuer pour 1 million chacun à cette œuvre de salut ?

Il resterait donc encore à la charge exclusive des propriétaires 21 millions 500 mille francs.

Le droit fixe de voirie procurant immédiatement à la Ville, qui le reconnaît, une somme de 7 millions au moins, resterait à payer une somme de 14 millions 500 mille francs, pour l'amortissement desquels cinquante annuités de 755,450 francs seront nécessaires.

2° Taxes ou Redevances

Comment les propriétaires paieront ces annuités ? On a renoncé, comme il eût été plus régulier de le faire, de les demander à l'impôt. On a voulu obtenir cette grosse somme par une taxe et c'est ici où la Ville et les propriétaires n'ont pas été d'accord.

Dès les premiers jours, notre Syndicat avait assimilé non sans quelque ressemblance le réseau d'égout à créer à l'œuvre de M. de Montricher. Il avait proposé une redevance semblable à celle du Canal, c'est-à-dire proportionnée aux besoins de l'immeuble. On avait de cette façon amorti plus de cent millions et personne n'a jamais protesté contre ce genre de perception. Cette proposition fut rejetée.

Partant alors du principe que la redevance ne devait être que « la rémunération du service rendu », notre Syndicat a proposé une redevance proportionnée au nombre des ménages de la maison.

Cette nouvelle proposition a été rejetée comme antidémocratique, au mépris même du principe au nom duquel elle avait été inspirée.

Nous nous trouvons aujourd'hui en présence du système de la municipalité, celui d'une taxe *en rapport avec les revenus de l'immeuble*, alors que, pour couvrir les frais de construction de l'égout, elle adopte le principe de la largeur de la façade de l'immeuble.

Dans un consciencieux mémoire que nous joignons au présent, notre Syndicat s'est vivement élevé contre cette prétention contraire aux principes élémentaires d'une saine justice.

Vous aurez à apprécier de quel côté se trouve le droit.

Notre Syndicat, désireux de concilier et les intérêts de la Ville et ceux des propriétaires tout en respectant les principes du droit commun, a l'honneur de vous proposer un système qui, s'il était adopté, rencontrerait l'adhésion de tous. Il a le mérite de se trouver à peu près en concordance avec le principe qui affirme que « tous les citoyens doivent être égaux devant l'impôt ou les taxes nécessitées par le besoin commun. »

Pour arriver à solder l'addition de l'assainissement de notre ville par le *Tout à l'égout*, deux choses sont demandées aux propriétaires :

1° Un droit fixe de 50 fr. par mètre de façade ;

2° Une redevance annuelle en rapport avec le rendement de l'immeuble.

Quel inconvénient trouverait-on à dire que la redevance annuelle sera comme le droit fixe, proportionnelle à la largeur de la façade ?

Il est évident que plus une maison est large, plus son prix est élevé et partant son rendement. Elle occupe sur la voie publique une plus grande place. Elle emprunte à l'égout une plus grande longueur. Elle abrite généralement une plus grande quantité d'habitants. Cette taxe est compréhensible, elle saute aux yeux, et le principe de la rémunération du service rendu trouve dans ce système sa plus saine application. Elle a aussi le mérite d'être immuable, de ne plus nécessiter de changement pour sa perception, et enfin d'éviter aux propriétaires les visites vexatoires que nécessiterait le mode de perception proposé par la municipalité.

Ce principe admis, examinons le chiffre de la redevance et son produit.

Il résulte d'un travail sérieux opéré par le service de la voirie, que les 23,421 maisons susceptibles de jeter à l'égout ont un développement de façade de 163,947 mètres.

En établissant le chiffre de la redevance annuelle à payer à raison de 5 francs par mètre, on arrive à un total annuel de 819,735 francs.

Or, si nous nous reportons à l'annuité nécessaire pour les intérêts et l'amortissement des 14 millions 500,000 francs mis à la charge des propriétaires, on voit qu'une somme de 755,450 francs suffit et qu'il reste un excédent de 64,285 francs à appliquer aux besoins du curage.

Notre Syndicat a la ferme confiance que vous accueillerez ces deux premières observations.

3° Délais

Les tempéraments demandés en faveur des propriétaires peu fortunés ne rencontreront, nous l'espérons, aucun obstacle.

4° Entretien du syphon

M. Mireur, et avec lui les hygiénistes anglais et belges, nous affirment que le fonctionnement du syphon placé sous trottoir ne rencontrera aucun obstacle. Nous le désirons volontiers.

Mais, au cas d'obstruction, qui devra le dégager ?

Sera-ce la Ville ou le propriétaire ?

C'est ici le cas de rappeler qu'une des causes principales qui ont amené les propriétaires marseillais à adopter le principe du *Tout à l'égout* et à supporter les frais considérables que va comporter la transformation du mode de vidanges, a été la disparition du vidangeur.

Si, comme elle l'affirme, ce syphon ne peut s'obstruer, la Ville ne craint rien de se charger de son entretien. Si par contre elle refuse, ne nous donne-t-elle pas le droit de penser que cette obstruction est possible et peut-être à des intervalles très rapprochés, et que dès lors aux droits fixes de voirie et à la redevance il faudra ajouter la facture du vidangeur chargé de l'entretien du syphon ?

Notre Syndicat demandait la disparition de ce syphon comme inutile et encombrant. M. le rapporteur a cru devoir le maintenir énergiquement au nom de l'hygiène.

Eh bien, c'est au nom de l'hygiène que nous persistons dans notre demande; car, de deux choses l'une : ou il se produira des gaz dans l'égout, ou il ne s'en produira pas. S'il ne s'en produit pas, l'isolement des maisons sera non seulement inutile par le syphon sous trottoir, mais encore par les syphons établis à la sortie des lieux et des éviers.

S'il s'en produit, ces gaz seront ou plus lourds ou plus légers que l'eau. S'ils sont plus lourds, ils resteront dans l'égout et l'isolement des maisons sera encore inutile. S'ils sont plus légers, comme tous ceux qui ont l'hydrogène pour base, ils auront une tendance à s'élever et, trouvant fermé le tuyau de chute, ces gaz sortiront par les bouches d'égout et infecteront la voie publique, comme d'ailleurs cela existe tous les étés dans notre ville.

Si, au contraire, les tuyaux de chute communiquent librement avec l'égout, il s'établira un tirage qui conduira sur les toits ces gaz, qui continueront à s'élever, vu leur faible densité, dans l'atmosphère par les temps calmes et seront dispersés aux quatre coins de l'horizon au moindre vent.

Notre Syndicat est tellement convaincu de ce tirage, qu'il voudrait voir établir à chaque angle de nos rues de grands tuyaux communiquant avec l'égout et s'élevant au sommet du toit le plus élevé des maisons, persuadé que ce serait là le meilleur moyen de délivrer nos rues des odeurs infectes dont elle a tant à souffrir pendant les grandes chaleurs.

On a prétendu que, ce syphon disparaissant, ceux des lieux et des éviers pourraient se désamorcer et laisser pénétrer dans l'habitation les gaz délétères de l'égout. Nous répondrons à cette assertion que tous les syphons ayant au moins 7 de plongée et munis d'une tubulure en communication avec le tuyau d'aération sont *indésamorçables*. Le fait est indéniable et garanti aujourd'hui par tous les constructeurs d'appareils de vidanges.

En conséquence, notre Syndicat vous prie de faire disparaître du règlement cette charge, qu'il considère non seulement comme inutile, mais encore dangereuse au point de vue de l'hygiène.

5° Canalisation spéciale

Aux termes du traité liant la Ville aux propriétaires, la première doit l'eau du canal aux seconds qu'au niveau du sol, c'est-à-dire à la prise.

De plus, notre canal est soumis à des chômages

périodiques inévitables au printemps et à l'automne. Des accidents nombreux y surviennent chaque année ; le dernier a duré plus d'un mois.

Or, le règlement soumis à votre sanction, obligeant les propriétaires à établir *dans chaque logement* un appareil *syphoïde*, et cet appareil ne pouvant fonctionner qu'à la condition de posséder au moins dix litres d'eau par visite, comment concilier l'obligation imposée aux propriétaires d'établir cet appareil, alors que la Ville ne pourra ou ne voudra exécuter la condition essentielle de fournir l'eau nécessaire à son fonctionnement?

Notre Syndicat soumet spécialement cette observation à vos réflexions, car, si d'un côté la Ville nous oblige à établir à grand frais des appareils dont le fonctionnement n'est possible qu'avec l'eau, il est, croyons-nous, indispensable qu'elle s'engage à son tour à nous la fournir partout où il y aura un syphon, et toujours sans interruption ni chômage.

S'il en était autrement, le remède serait pire que le mal à conjurer.

6° Budget spécial

Nous ne récriminerons pas sur le passé et nous ne nous demanderons pas ce qu'est devenu le produit énorme de la taxe de 50 francs par mètre de façade qu'ont payés les propriétaires, produit qui, étant en réalité, non pas un impôt proprement dit, mais le prix d'un service rendu, aurait dû en toute

3

justice et honnêteté être exclusivement affecté aux
égouts, au lieu de se confondre, dans la caisse municipale, avec les autres recettes du buget.

Mais, si nous laissons le passé, nous devons nous
attacher au présent. Nous allons être appelés à
payer pendant cinquante années une redevance
annuelle de 819,735 francs. Qui nous assurera de
l'emploi de ces sommes versées à la mairie ? Ces
sommes ne prendront-elles pas le même chemin
que les autres ?

N'oublions pas que nous sommes ici en présence
d'un véritable contrat entre la municipalité et les
propriétaires et qu'il est de notre devoir de vous
indiquer les conditions qni doivent garantir l'emploi
des fonds. Ces conditions se résument en une seule:
celle d'ouvrir au budget municipal un chapitre à
part, de telle manière qu'il soit, à l'avenir, impossible à la municipalité de distraire un centime des
recettes de ce chapitre, l'affectation n'en pouvant
être changée, en aucun cas et sous aucun prétexte.

L'Etat, le Département et la Chambre de Commerce exigeront cette condition essentielle à toute
subvention. Serait-elle refusée à ceux qui sont
appelés à payer plus des deux tiers de cette grosse
dépense ?

Telles sont les observations que notre Syndicat et
avec lui l'ensemble des propriétaires marseillais sou-
mettent à votre haute appréciation, espérant que vous
voudrez bien y faire droit en modifiant comme suit les
articles 3 et 4 du projet de loi qui vous est soumis :

« Art. 3. — Pour se couvrir des frais de construction et de curage des dits égouts, la Ville est autorisée à percevoir pendant cinquante années, des propriétaires riverains, deux taxes fixes proportionnelles à la longueur de la façade de leurs maisons, à raison savoir : la première de 50 francs une fois donnée et la seconde annuelle de 5 francs, le tout par mètre linéaire.

« Art. 4. — Il sera ouvert au budget municipal qui suivra la date de la réception du réseau général, un chapitre spécial dans lequel seront consignées les recettes et les dépenses afférentes à cette partie de l'assainissement général de la ville. »

LA CHAMBRE SYNDICALE.

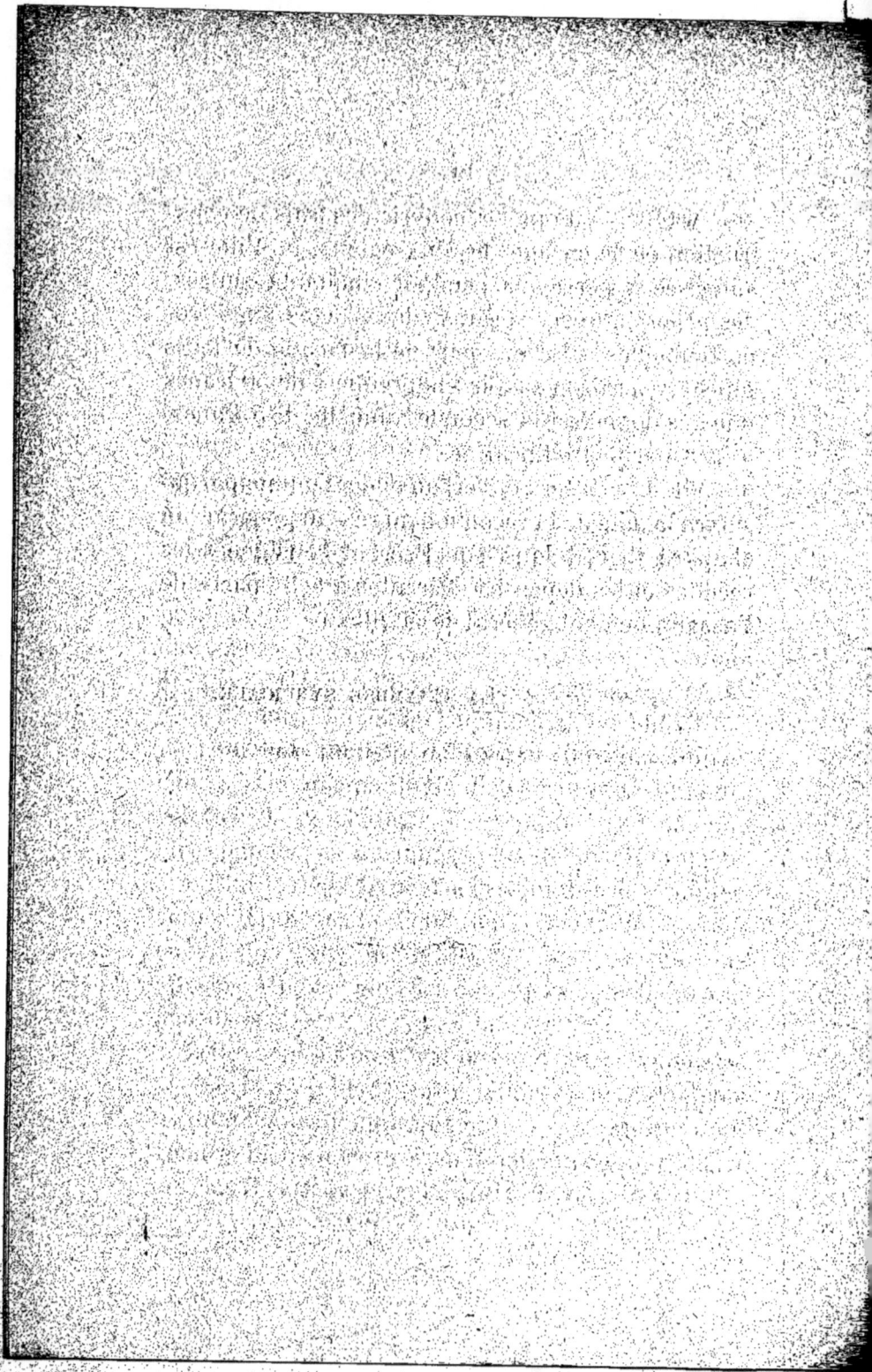

MÉMOIRE ET DIRES

Versés à l'enquête au mois de novembre 1890

PAR LA

CHAMBRE SYNDICALE DES PROPRIÉTAIRES MARSEILLAIS

Pour la Défense des Intérêts de la Propriété Immobilière

RAPPORT

sur le Règlement relatif à l'assainissement de Marseille
par l'évacuation à l'égout des matières de vidanges,
des eaux ménagères et pluviales et sur le projet de
loi y relatif, présenté au nom de la Commission
nommée à cet effet par la Chambre syndicale des
Propriétaires Marseillais, pour être versé au procès-
verbal d'enquête ouvert depuis le 17 octobre dernier.

MESSIEURS,

Au nom de la Commission d'initiative que vous avez
nommée le 17 octobre dernier, j'ai l'honneur de déposer le
Rapport suivant :

Notre tâche a été considérablement simplifiée par nos
adhérents, qui nous ont envoyé en grand nombre leurs pro-
testations et leurs observations.

M. Dumon, juge près notre Tribunal, un de nos associés
dont la compétence est bien connue, nous a notamment
fourni une argumentation si judicieuse et appuyée sur de si
bonnes raisons, que votre Commission a cru devoir la faire
sienne dans presque tout son entier.

Votre Commission a été d'avis de présenter tout d'abord
ses observations sur le projet de loi et de faire suivre ensuite
chaque article du Règlement des modifications que nous
avions cru utile d'y apporter.

MESSIEURS,

On a toujours considéré le pouvoir de police municipale confié aux Maires comme leur permettant de prendre les mesures nécessaires «pour maintenir la salubrité publique». Mais, quand il s'est agi de fixer les limites du pouvoir compris dans cette formule un peu vague, qui n'est pas dans le texte de la loi (1) et en a été tirée par voie d'interprétation, l'autorité administrative supérieure aussi bien que la Cour de cassation ont reconnu que ce pouvoir ne devait pas être illimité et aller jusqu'à porter atteinte soit à la propriété, soit à l'inviolabilité du domicile, soit à la liberté de l'industrie, en un mot aux droits primordiaux qui, de tout temps, ont été placés sous la protection des lois et de la justice.

C'est en matière surtout de réglementation de vidanges qu'il a paru parfois délicat de préciser où doit s'arrêter le pouvoir du Maire.

On peut néanmoins affirmer que cette limite est dépassée dans le projet de Règlement soumis à l'enquête.

Le projet ne se borne pas, en effet, à réglementer ce qui concerne les vidanges, il réglemente tout ce qui concerne le mode d'évacuation des eaux ménagères et pluviales, non seulement à l'extérieur, mais encore à l'intérieur des immeubles.

Il pénètre à l'intérieur de l'habitation sans distinguer si la maison est occupée par le propriétaire seul ou destinée à l'habitation des tiers, c'est-à-dire des locataires, dont il s'agirait de protéger la santé ou seulement le bien-être.

Il pénètre à l'intérieur pour imposer à chaque propriétaire

(1) Loi des 16-24 août 1790, titre II, art. 3, remplacé par l'art. 97 de la loi du 5 avril 1884.

des prescriptions minutieuses avec un luxe de détails inusités et sans le moindre souci des charges pécuniaires qui en seront la conséquence.

Il impose ses prescriptions onéreuses non seulement aux maisons à construire, mais encore à celles déjà existantes où les propriétaires peuvent être tenus d'apporter des modifications très dispendieuses, souvent inutiles ou d'une utilité discutable, quelquefois nuisibles, en tous cas nullement justifiées par des exigences supérieures et absolues de salubrité publique, qui seules pourraient les rendre légitimes.

Il fait à l'arbitraire une place redoutable en donnant au Maire un pouvoir d'appréciation sans contrôle et en privant les intérêts lésés des garanties les plus élémentaires sur lesquelles ils ont le droit de compter.

Il donne, enfin, aux prescriptions qu'il édicte, — à *toutes* ces prescriptions sans distinction, même les plus minimes, — une sanction exorbitante et jusqu'ici sans exemple.

Aussi ne faut-il pas s'étonner que, jugeant avec raison ses droits insuffisants pour aller aussi loin, et prévoyant que l'Autorité administrative supérieure ne pourrait, sans excès de pouvoir, donner force exécutoire à de telles dispositions, l'Autorité municipale ait songé à s'appuyer sur une loi.

L'Autorité municipale n'est-elle pas déjà suffisamment armée ? — Le besoin d'une loi nouvelle se faisait-il sentir ? — Est-il sage que le législateur entre dans la voie où on l'invite à s'engager et doit-il sanctionner le projet qu'on lui propose ?

On ne devrait pas oublier que l'art. 471 n° 15 du Code Pénal, par la généralité même de sa formule, est une menace assez sérieuse pour les propriétaires, et l'expérience a appris que l'usage même de cet article n'a pas toujours été sans abus.

*

Mais, du moins, les propriétaires avaient-ils le droit de discuter la légalité des arrêtés pris contre eux.

Si, désormais, le Maire peut *tout*, il n'y aura plus de débat possible et il ne sera plus permis de prétendre qu'il a violé des droits que, dans l'exercice de son pouvoir réglementaire, il était tenu de respecter, puisque ces droits seront par avance sacrifiés en vertu d'une loi.

Si la loi qu'on propose était adoptée, elle imposerait à la propriété immobilière des charges tellement lourdes et donnerait au Maire un pouvoir tellement excessif, qu'on ne tarderait pas à reculer devant son application.

L'article 2 du projet, destiné à faire corps avec le Règlement auquel il donnera force législative et qui ne pourra plus, dès lors, être changé que par une loi, qu'on veuille bien y réfléchir — propose simplement, avec une naïveté capable de désarmer la critique — de donner au Maire le pouvoir de faire évacuer et fermer l'immeuble (même habité par le propriétaire seul) pour tout refus de se conformer aux prescriptions du Règlement, quelles qu'elles soient, car le projet ne fait aucune distinction. On ne dit pas combien de temps pourrait durer cette confiscation provisoire.

Qu'un Maire puisse prescrire d'urgence l'évacuation d'un immeuble qui menace ruine et qui est sur le point de s'écrouler sur la tête de ses habitants, on le comprend ; c'est un pouvoir que l'imminence du danger justifie. Mais qu'il puisse confisquer un immeuble parce que le propriétaire se refusera à faire une dépense excédant peut-être son revenu et nullement exigée par une nécessité impérieuse et pressante, voilà qui ne s'est jamais vu, je crois, en aucun pays. Cet ukase est rendu par le Maire, sans appel, sans délai, quelle que soit la prescription du Règlement qu'on refuse d'exécuter, et quels que puisse être les motifs de refus.

Maintenant, si l'on veut bien rapprocher de ce texte le détail méticuleux des prescriptions réglementaires, quelques-unes fort coûteuses, dépassant peut-être les ressources de celui auquel on veut les imposer, d'autres d'une utilité douteuse et contestable, certaines puériles (comme la nécessité de porter la clé des cabinets dans sa poche) ; si l'on réfléchit à l'usage ou plutôt à l'abus qui peut être fait d'un pouvoir aussi draconien, on est bien obligé de reconnaître qu'une telle extension donnée au pouvoir du Maire est quelque chose de nouveau et d'inouï en législature, et constituerait un véritable danger.

Bornons-nous à citer quelques exemples :

Le projet exige un cabinet d'aisances par logement, ce qui est déjà une exigence excessive pour certaines maisons, dans certains quartiers, même si ces maisons ne sont pas encore construites, et ce qui équivaudrait presque à l'interdiction de construire désormais des habitations affectées aux ménages ouvriers, mais ce qui devient absolument inadmissible, si, comme le prévoit l'article 21, cette exigence peut être étendue même aux maisons déjà construites. Les dispositions du titre I non applicables, en principe, aux maisons déjà existantes peuvent, en effet, leur être appliquées *si la salubrité le réclame*, exception inquiétante quand l'appréciation souveraine de ces exigences nouvelles de la salubrité appartiendra au Maire seul et sans appel.

Quant aux titres 2, 3, 4 et 5, l'application n'en étant pas réservée aux constructions nouvelles, c'est donc une série de travaux et de modifications plus ou moins heureuses ou discutables, généralement coûteuses à exécuter à l'intérieur de toutes les maisons.

La recherche de la perfection en tout est sans doute désirable, mais encore faudrait-il tenir compte des possibilités

financières de chacun et considérer que les particuliers n'ont
à leur disposition ni la ressource des redevances imposées
par décret, ni celle des centimes additionnels et qu'ils ne
peuvent pas davantage emprunter par voie de souscription
publique.

Ces observations doivent s'appliquer notamment aux
travaux prescrits par les articles 12, 18 et 19. Le branchement
particulier dont il est question dans ces articles est, paraît-il,
un tronçon d'égout allant de chaque maison à l'égout public
et devant fonctionner non comme égout, mais comme une
sorte de prolongement voûté de la cave pour donner abri
au tuyau d'évacuation de la maison.

Un tel travail occasionnera des dépenses incalculables et
l'on n'aperçoit pas la nécessité d'installations aussi coûteuses.
Ces branchements particuliers seront établis aux frais des
propriétaires ? Le projet de Règlement paraît le supposer
sans le dire. Obligera-t-on les propriétaires de maisons déjà
existantes ayant une canalisation en bon état établie à grands
frais et aboutissant à l'égout public, à tout démolir et à tout
reconstruire — toujours sous peine de confiscation ?

Le Règlement veut des siphons partout. Siphon au débou-
ché de la maison, à l'origine supérieure de chaque tuyau
d'évier, à chaque siège de lieu d'aisance, aux tuyaux de descente. Voilà une cause constante d'entretien et une perpé-
tuelle occasion d'obstruction. Un siphon à chaque cuvette ne
suffirait-il pas, et, en tous cas, est-il opportun de donner au
Maire par une loi le droit de s'ingérer à ce point, sous
prétexte de salubrité, dans l'aménagement intérieur de
chaque immeuble ? Il n'est pas inutile de répéter que ces
dispositions, que l'on croit bonnes aujourd'hui, pourront
paraître nuisibles demain, et qu'une fois sanctionnées par

une loi elles participeront de l'immutabilité de la loi qui les aura consacrées.

On ne doit, en somme, prescrire aucune mesure qui ne soit absolument justifiée par la nécessité, et on ne doit demander à la propriété et à la liberté individuelle que les sacrifices véritablement légitimes et indispensables.

Et c'est sur le refus, ou devant l'impuissance pécuniaire d'obtempérer à une sommation d'opérer ces modifications ou ces améliorations coûteuses dans son immeuble, qu'un propriétaire se verrait, par simple arrêté du Maire, mis à la porte de chez lui ?

Si un pareil Règlement, appuyé d'une telle loi, pouvait jamais être consacré, on se demande s'il ne vaudrait pas mieux vivre à Constantinople qu'à Marseille.

On ruinerait la propriété foncière sous prétexte de salubrité. On mettrait tous les propriétaires à la merci d'un arrêté municipal.

Pour échapper à un mal nous tomberions dans un autre, et ce serait le cas de dire :

Sicut antea flagitiis, etiam nunc legibus laboramus.

Après ces observations générales, il suffira d'indiquer en marge du texte du Règlement et sous forme de notes les critiques que ce texte paraît provoquer.

OBSERVATIONS

RÈGLEMENT

RELATIF A

L'ASSAINISSEMENT DE MARSEILLE

Pour l'évacuation à l'égout
des matières de vidanges, des eaux ménagères et pluviales

TITRE I

Cabinet d'aisances

ARTICLE PREMIER

Dans toute maison, il devra y avoir un cabinet d'aisances par logement (1). Ce cabinet devra toujours être placé, soit dans l'appartement ou logement, soit à proximité, et dans ce dernier cas, fermé à clef (2).

Dans les magasins, hôtels, maisons meublées, théâtres, usines, écoles et établissements analogues, le nombre de cabinets d'aisances sera déterminé par l'Administration, dans la permission de construire, en prenant pour base le nombre de personnes appelées à faire usage de ces cabinets.

Dans les immeubles indiqués au paragraphe précédent, le chef de l'établissement ou le principal locataire sera responsable de l'entretien en bon état de propreté des cabinets à usage commun.

(1) Même restreinte aux maisons à construire, cette disposition sera en certains cas d'une exécution difficile, sinon ma-

tériellement impossible. Deux pièces suffisent à loger un petit ménage d'ouvriers.

Si, après avoir construit une maison ayant un cabinet d'aisances par ménage, un propriétaire se trouve amené, pour les besoins de la location, à diviser en deux chaque logement, cet article lui interdirait de le faire ; car la disposition matérielle des lieux ne permet pas toujours d'établir double cabinet là où il y en avait qu'un seul, et, d'autre part, la règle contenue en cet article serait d'avance applicable, aux termes de l'art. 21, à toute maison construite postérieurement à la mise en vigueur du Règlement.

Il ne serait plus permis de mettre en location des logements d'ailleurs satisfaisants au point de vue de l'hygiène, par l'unique motif qu'il n'y aurait qu'un seul cabinet pour deux logements. Il y aurait là une atteinte profonde et non justifiée au droit de propriété. Il est donc nécessaire d'ajouter à cette phrase la suivante : « Néanmoins, dans les maisons où il y aura plusieurs ménages à l'étage, un seul cabinet suffira. »

(2) Qui sera responsable quand on aura perdu la clef ? Le propriétaire habitant seul chez lui dans sa maison devra-t-il, sous peine d'amende, tenir fermée à clef la porte des lieux qu'il possède dans son jardin ? Créera-t-on, pour assurer l'exécution de ce règlement, une nouvelle catégorie d'inspecteurs chargés de pratiquer des visites domiciliaires ? La suppression du mot « clef » s'impose.

Article 2

Tout cabinet d'aisance devra être muni de réservoirs ou d'appareils spéciaux, alimentés directement par l'eau du Canal ou tout autre canalisation publique, permettant de fournir dans ce cabinet une quantité de vingt litres au minimum par personne et par jour.

Pourquoi directement ? Sera-t-il défendu d'y amener la surverse des réservoirs servant à l'alimentation et que deviendront ces eaux de surverse ? La quantité de 20 litres au minimum est exagérée, 10 litres suffisent largement, avec les nouveaux appareils, à opérer une excellente chasse.

ARTICLE 3

L'eau ainsi livrée dans les cabinets d'aisance devra arriver dans la cuvette de manière à former une chasse suffisamment vigoureuse.

Les appareils qui la distribuent seront examinés par le service de l'assainissement avant la mise en usage.

Pas d'observation.

ARTICLE 4

Toute cuvette de cabinets d'aisances sera munie d'un appareil formant inflexion siphoïde à fermeture hydraulique permanente.

Pas d'observation.

ARTICLE 5

Les dispositions des articles 2, 3 et 4 qui précèdent seront applicables aux cabinets des ateliers, des magasins, des bureaux et en général de tous les établissements qui reçoivent une nombreuse population pendant le jour.

Cet article signifie-t-il que les dispositions des articles 2, 3, 4 sont applicables **seulement** aux cabinets des ateliers, des magasins, etc. ? Il fallait le dire plus clairement.

TITRE II

Eaux ménagères et pluviales

Il est à remarquer que les titres 2, 3, 4 et 5 sont applicables, sans distinction, même aux maisons déjà existantes. Ceci a une portée grave.

ARTICLE 6

Il sera placé une inflexion siphoïde formant fermeture hydraulique à l'origine supérieure de chacun des tuyaux d'eaux ménagères.

Votre Commission demande la suppression de cet article, la pratique ayant prouvé qu'un évier possédant cette fermeture ne peut que très difficilement fonctionner. Il y aurait là une cause permanente de réparations.

ARTICLE 7

Les tuyaux de descente des eaux pluviales seront munis d'obturateurs interceptant toute communication directe avec l'atmosphère de l'égout.

Nous n'avons pas compris cette mesure en contradiction flagrante avec les principes d'aérage si recommandés par les hygiénistes. Cet article doit être supprimé.

Les tuyaux devront être aérés d'une façon continue.

Comment, s'ils sont obturés ?

TITRE III

Tuyaux de chute et de conduites d'eaux ménagères et pluviales

ARTICLE 8

Les conduites d'eaux ménagères, les conduites d'eaux pluviales et les tuyaux de chute destinés aux matières de vidanges ne pourront avoir un diamètre inférieur à 0ᵐ 08, ni supérieur à 0ᵐ 16.

Pas d'observation.

ARTICLE 9

Les chutes des cabinets d'aisance avec leurs branchements ne pourront être placés sous un angle supérieur à 45° avec la verticale. Chaque tuyau de chute sera prolongé au-dessus du toit jusqu'au faîtage et librement ouvert à sa partie supérieure.

Pas d'observation.

ARTICLE 10

La projection des corps solides, débris de cuisine, de vaisselles, etc., dans les conduites d'eaux ménagères et pluviales, ainsi que dans les cuvettes des cabinets d'aisances, est formellement interdite.

S'il suffisait d'écrire cette défense pour prévenir ce fait abusif, on ne pourrait qu'applaudir.

Mais cette clause n'a qu'un effet comminatoire et il est impossible d'en faire sortir une responsabilité effective contre les locataires, par la raison que le tuyaux de chute étant forcément communs aux divers étages, l'auteur du fait abusif demeure toujours anonyme. Cette prescription doit donc nécessairement demeurer dépourvue de sanction, à moins qu'on ne rende chaque propriétaire responsable d'un abus dont il est la première victime et qu'il est impuissant à empêcher, ce qui serait le comble de l'injustice.

ARTICLE 11

Le tracé des tuyaux secondaires partant du pied des tuyaux de chute et des conduites d'eaux ménagères sera prolongé dans les cours et caves jusqu'au tuyau général d'évacuation.

Il en sera de même pour les conduites des eaux pluviales, si le tuyau d'évacuation peut recevoir ces eaux.

Le tracé de ces tuyaux devra être formé de parties rectilignes. A chaque changement de direction ou de pente, sera ménagée une tubulure ou un regard de visite et d'aération facilement accessible.

Pas d'observation.

TITRE IV

Evacuation des matières de vidanges, des eaux ménagères et des eaux pluviales

ARTICLE 12

L'évacuation des matières de vidanges, des eaux ménagères et des eaux pluviales sera faite directement à l'égout public, au moyen d'un branchement dont le type sera donné à l'Administration.

Des arrêtés municipaux, pris après avis conforme du Conseil municipal, détermineront les voies dans lesquelles ce mode d'évacuation devra être appliqué.

ARTICLE 13

Les tuyaux d'évacuation recevront les tuyaux de chute des cabinets d'aisances, ainsi que les conduites d'eaux ménagères et les descentes d'eaux pluviales.

Il résulte de ces deux articles que le déversement des eaux pluviales à l'égout serait obligatoire et non facultatif dans les voies désignées par la mairie.

Voilà donc des modifications très coûteuses, quelquefois impossibles à réaliser, qui seraient imposées, sans aucun profit. Car quel dommage à la salubrité peuvent causer les eaux de pluie déversées dans les caniveaux ?

Pour amener toutes les eaux pluviales d'une maison au tuyau d'évacuation allant à l'égout, il faudra dans certains cas leur faire faire un long circuit dans les caves, percer des murs-maîtres et faire, en somme, beaucoup de dégât et de dépense pour arriver à un mode d'évacuation plus compliqué et fonctionnant moins bien que le simple dégorgement dans le caniveau sous trottoir. On a tort de procéder ici par voie de règle générale. Une réserve devrait être faite pour les eaux pluviales et le déversement de ces eaux directement à l'égout devrait être simplement facultatif.

ARTICLE 14

Les dits tuyaux d'évacuation auront une pente minima de 0 ^{m} 03 par mètre. Dans le cas exceptionnel où cette pente serait impossible ou difficile à réaliser, l'Administration aura la faculté d'autoriser des pentes plus faibles, avec addition de réservoirs de chasse ou autres moyens d'expulsion à établir aux frais et pour compte des propriétaires.

ARTICLE 15

Le diamètre des tuyaux d'évacuation sera fixé, sur la proposition des intéressés, en raison de la pente disponible et du cube à évacuer ; il ne sera pas inférieur à 0 ^{m} 16, à moins d'autorisation spéciale.

Pas d'observation.

ARTICLE 16

Chaque tuyau d'évacuation sera muni, avant sa sortie de la maison, d'un siphon dont la plongée ne pourra être inférieure à 0 ^{m} 075 afin d'assurer l'occlusion hermétique et permanente entre la canalisation inférieure et l'égout public.

Les modèles de ces siphons et appareils seront soumis à l'Administration et acceptés par elle. Chaque siphon sera muni d'une tubulure de visite, avec fermeture étanche, placée en amont de l'inflexion siphoïde.

Votre Commission a été d'avis de demander la suppression de cet article. Du moment où chaque cabinet sera muni d'un siphon, celui du tuyau d'évacuation est inutile, l'occlusion hermétique et permanente entre l'habitation et l'égout étant assurée par les premiers.

De plus, ce siphon, placé sous trottoir, serait constamment obstrué, et nécessiterait encore l'intervention des vidangeurs auxquels on serait obligé d'avoir recours presque chaque jour.

ARTICLE 17

Les tuyaux d'évacuation et les siphons seront en grès vernissé intérieurement ou autres matières ayant les mêmes qualités, c'est-à-dire de façon à être des tuyaux imperméables.

Les joints devront être étanches et exécutés avec le plus grand soin, sans bavure ni saillie intérieure.

L'emploi de la fonte pourra être autorisé dans le cas où l'Administration le jugerait acceptable.

Cet article semble préconiser le grès et donner matière à spéculation sur ce genre de tuyaux. Il conviendrait de laisser le propriétaire libre d'employer à cet effet le genre de tuyaux qu'il préférera, à la condition qu'ils soient imperméables.

ARTICLE 18

Les tuyaux d'évacuation seront prolongés *(dans le branchement particulier)* jusqu'à l'aplomb de l'égout public.

ARTICLE 19

Le *branchement particulier* d'égout devra être mis en communication avec l'intérieur de l'immeuble, et ce branchement devra être fermé par un pur pignon au droit même de l'égout public.

Ces articles prescrivent un nouvel œuvre qui serait des plus considérables. Il faudra, si nous le comprenons bien, pour franchir la distance séparant chaque maison de l'égout public, quelle que soit cette distance, construire un tronçon d'égout voûté, formant galerie, qui servira seulement d'abri et d'enveloppe au tuyau d'évacuation. Ces tronçons d'égout devront probablement être suffisants pour donner passage à un homme et ne fonctionneront pas comme égout, mais comme galerie de visite.

Si cet ouvrage doit être établi aux frais des particuliers, ils auront quelques raisons d'être effrayés de la dépense. Mais nous croyons que l'administration, en copiant textuellement les prescriptions de Paris, a oublié qu'à Marseille tuyau d'évacuation ou branchement sont la même chose; il serait donc nécessaire de supprimer l'article 18 et de remplacer dans l'article 19 les mots **branchement particulier** par tuyau d'évacuation.

ARTICLE 20

Pour tous les immeubles où les matières de vidanges et les eaux ménagères ne pourront pas être évacuées directement à l'égout public, des arrêtés spéciaux prescriront les dispositions à adopter.

Pas d'observation.

TITRE V

Epoque de l'exécution des travaux

ARTICLE 21

Les dispositions du titre I⁻ relatives au nombre des cabinets d'aisances seront immédiatement applicables en ce qui concerne les maisons à construire.

Elles pourront devenir exigibles dans les maisons déjà construites, si la salubrité le réclame (1).

Mais toute maison actuellement privée de cabinets d'aisances devra être munie immédiatement d'un cabinet au moins.

Ce cabinet sera à usage commun.

Les autres dispositions du titre I⁻ ne seront appliquées que successivement dans les voies indiquées par les arrêtés dont il est question aux articles 12 et 20 (2).

Les propriétaires riverains de ces voies auront un délai maximum de un an, compté à partir (3) de la publication desdits arrêtés, pour appliquer les dispositions des articles 2, 3 et 4 du titre I⁻ et pourvoir à l'exécution des prescriptions hydrauliques et à l'évacuation des vidanges dans les conditions indiquées au présent règlement.

(1) Il est dangereux de laisser le maire seul juge souverain et sans appel des nécessités impérieuses de salubrité publique, au nom desquels on peut imposer des charges aussi lourdes. Les propriétaires ont droit à quelque garantie. Il faudrait au moins réserver les recours aux tribunaux administratifs.

(2) Dans les articles 12 et 20 il n'est question d'aucun arrêté.

(3) Les propriétaires riverains de ces voies auront un délai maximum de un an, compté à partir de la mise en service de l'égout et non de la publication desdits arrêtés que nous ne connaissons pas. Il est indispensable d'ajouter à ce para-

graphe que les travaux prévus par les articles 2, 3 et 4 du titre 1er seront exécutés au fur et à mesure de l'usure de ceux existants, pour ne pas obliger les propriétaires qui ont une installation convenable à la changer avant qu'elle soit hors de service.

ARTICLE 22

Dans un délai d'un an, compté à partir de la publication du présent arrêté, les tuyaux de chute des cabinets d'aisances de toutes les maisons devront être prolongés au-dessus du toit, dans les conditions prescrites par l'article 9 du présent Règlement.

ARTICLE 23

Les projets d'établissements de canalisations de maisons neuves ou de transformation de canalisations déjà construites sont soumis, avant l'exécution, au service de l'assainissement.

Ils comprendront l'indication détaillée de tous les travaux à exécuter, tant pour la distribution de l'eau alimentaire que pour l'établissement des lieux d'aisances, et l'évacuation des matières de vidanges, eaux ménagères et pluviales.

Après approbation de l'Administration et exécution, les ouvrages ne peuvent être mis en service qu'après leur réception par les agents du service de l'assainissement, lesquels vérifieront si ces ouvrages sont conformes aux projets adoptés et aux dispositions prescriptes par le présent Règlement.

Pas d'observation, si ce n'est que les agents du service de l'assainissement vérifieront sans frais.

TITRE VI

Redevances

ARTICLE 24

Conformément à la loi, les propriétaires riverains des voies désignées par les arrêtés municipaux dont il est question à l'article 12, paieront, à compter du jour de la publication de ces arrêtés, pour curage et entretien des égouts publics, une taxe fixe et annuelle établie en prenant comme base d'estimation le revenu matériel comme il suit :

20 fr. p' un immeuble d'un revenu de			500 fr.
40 »	»		500 à 1.500 »
60 »	»		1.500 à 3.000 »
80 »	»		3.000 à 6.000 »
100 »	»		6.000 à 10,000 »
150 »	»		10,000 à 20.000 »
200 »	»		20.000 et au-dessus.

Pour faire face aux intérêts et à l'amortissement de l'emprunt qu'elle contractera en vue de l'exécution des égouts, la Ville a deux ressources : l'impôt et le produit des concessions du droit d'usage de l'égout aux particuliers.

Elle ne se bornera pas sans doute à faire une option entre ces deux moyens qui s'offrent à elle pour alimenter sa caisse : elle voudra les cumuler et elle doit le faire. Ce qu'elle ne peut pas faire, c'est de les amalgamer ensemble dans un système hybride qu'on pourrait appeler bâtard, qui ne satisfait aux exigences ni de l'un ni de l'autre.

Ou la taxe proposée est un supplément d'impôt destiné à faire face à un accroissement de dépenses publiques grevant l'Administration municipale, — ou bien c'est le salaire d'un service rendu par une entreprise d'utilité commune dont la Ville se charge au même titre qu'aurait pu le faire un entrepreneur particulier. — Il n'y a pas de milieu.

Ces deux ordres d'idées, absolument différents, ne doivent pas être confondus, et c'est par suite d'une confusion de ce genre, qu'on propose un système qui blesse les règles applicables à chacun d'eux.

Si c'est un impôt nouveau, une loi sera nécessaire. Un décret ou même un simple arrêté préfectoral suffirait, au contraire, à l'approbation d'un tarif fixant les prix d'un marché ou d'une concession.

Mais on ne peut pas déguiser une chose sous le nom d'une autre et éluder ainsi les lois existantes qui limitent le maximum des centimes additionnels et les font porter sur le principal des quatre contributions directes.

S'il fallait voir dans la taxe projetée un impôt, on serait tout d'abord frappé de son énormité. Pris en lui-même, le chiffre de 20 francs est modéré ; mais, comme point de départ d'une proportionalité au loyer, il serait excessif : 20 francs d'impôt pour un loyer de 500 francs (4 0/0 du revenu) c'est presque le doublement de l'impôt foncier ! L'exagération de l'impôt serait plus frappante encore dans son application aux loyers élevés, si l'on avait suivi la règle de la proportionnalité, puisque un loyer de 20.000 francs aurait à supporter une taxe annuelle de 800 francs ! L'auteur du projet a senti la nécessité d'adopter une échelle de progression décroissante sur laquelle il y aura à s'expliquer tout à l'heure.

D'ailleurs, lorsqu'il y a nécessité d'augmenter les impôts, il y a injustice à faire peser cette aggravation sur une classe particulière de revenus et sur une catégorie spéciale de contribuables. Tous doivent contribuer et chacun en proportion de ses facultés. Universalité, proportionnalité sont deux règles inséparables. Le projet, considéré comme impôt, les viole toutes deux.

Un système d'impôts dans lequel chaque service public serait rémunéré exclusivement par ceux qui en retirent un avantage direct et personnel ne serait équitable que si la spécialisation était appliquée à tous les services.

Cette condition suffit à rendre un tel système impraticable. Il est impossible de maintenir une communauté quelconque, Ville ou Etat, sans solidarité entre les membres qui le composent. C'est pourquoi, c'est l'ensemble des revenus publics qui sert à payer l'ensemble des services publics. Quand un membre de la communauté contribue, par l'impôt, à l'entretien d'un service dont il ne profite pas, il peut se consoler de cette apparente injustice en pensant qu'il bénéficie de tel autre service public auquel contribue à son tour son voisin qui n'y a aucun intérêt. Mais il est évident que tout serait faussé, si, rejeté pour toutes les autres branches des services publics, le système de la spécialisation était exceptionnellement retenu pour une seule, car il n'y aurait plus ni réciprocité ni compensation. Ou tout doit être payé par tous, ou chaque service par chaque intéressé et dans la mesure même de son intérêt, ce qui est irréalisable.

On propose de frapper les seuls propriétaires d'immeubles et ensuite on substitue à la proportionnalité une sorte d'impôt progressif à rebours, en rétablissant une progression décroissante en faveur des loyers les plus élevés qui, en étant grevés outre mesure, semblent cependant, chose bizarre, bénéficier d'un privilège.

Un immeuble loué 20,000 francs ne paiera pas annuellement 800 francs, il en paiera *modérément* 200 ! Voyez le résultat : voici deux immeubles, l'un rapportant 500 francs, l'autre 20,000. Ils paient actuellement l'un et l'autre à un entrepreneur de vidanges, pour le nettoiement de leur puisard respectif, une somme à peu près égale, — on peut le supposer, et des exemples justifieraient au besoin cette supposition ; — c'est environ 20 francs. Le premier continuera à payer comme par le passé. Le second verra sa charge décuplée ! La Ville se substitue à un entrepreneur de vidanges pour rendre à deux propriétaires un service identique : elle fait payer ce service à l'un 20 francs, à l'autre dix fois plus cher ! Quelle peut être la raison de cette différence sinon que sous l'apparence d'une redevance, prix d'un service, on dissimule un impôt ?

Et cependant l'auteur du projet, en excluant la proportionnalité, c'est-à-dire en refusant d'aller jusqu'où la logique l'aurait conduit, paraît avoir entrevu ce qui est la vérité : c'est que la redevance dont il s'agit n'est pas et ne peut pas être un impôt, quel que soit d'ailleurs son mode de recouvrement. C'est simplement la rémunération d'un service rendu et la rémunération de ce service doit être en rapport, non avec le chiffre des loyers qui n'a rien à voir dans la question, mais avec la valeur du service lui-même.

On a lieu d'être surpris qu'une vérité aussi claire ait pu être méconnue.

Mais, si le principe faux sur lequel le projet repose venait à être admis, à quelles conséquences ne conduirait-il pas ?

Si le système proposé est bon appliqué aux vidanges, pourquoi serait-il mauvais appliqué aux concessions d'eau motrice, ou d'eau domestique, ou d'eau d'arrosage ? On cherche vainement une raison quelconque pour ne pas appliquer aux concessions d'eau la base de calcul proposé pour les vidanges. Si cette base est juste pour celles-ci, elle l'est autant pour celles-là ; inacceptable pour les unes, elle ne l'est pas moins pour les autres.

La Compagnie du gaz vend son gaz à 0,33 c. le mètre cube, sans rechercher s'il sert à éclairer un palais ou une échoppe. Il serait parfaitement possible que la Ville, dans un but d'économie digne d'éloges, s'attribuât un jour l'entreprise de l'éclairage et se chargeât de distribuer elle-même à domicile, moyennant finance, le gaz ou l'électricité aux particuliers. Si le système de taxe proposé pour les vidanges par l'égout s'appuie sur une raison plausible, la même raison n'autoriserait-elle pas à prendre pour base du calcul du prix du gaz ou de la lumière électrique le chiffre des loyers ?

Cette présomption, dans la plupart des cas, sera radicalement fausse. La valeur locative est puisée dans des éléments divers, parmi lesquels le nombre des habitants ne joue qu'un rôle tout à fait secondaire. Voici une maison composée de cent logements d'ouvriers à 200 fr. l'un ; rendement : 20.000 fr. A côté se trouve un entrepôt de commerce, spacieux et rempli de marchandises ; il n'y a pas d'autre habitant qu'un concierge. Le loyer est également de 20.000 fr. Tous deux paieraient la même redevance, bien qu'au point de vue de vue de l'usage de l'égout la différence entre eux soit immense!

Il demeure donc suffisamment démontré que le chiffre des loyers doit être absolument écarté, car il n'y a pas plus de rapport entre ce chiffre et la valeur du service retiré par l'usager de l'égout, qu'il n'y en a entre la hauteur du mât d'un navire et l'âge du capitaine.

Quant au taux, il doit être modéré et se rapprocher, autant que possible, de ce que chaque maison paie actuellement aux entrepreneurs de vidanges à titre d'abonnement annuel. Le projet de taxe, quoi qu'en dise M. le Rapporteur, s'en écarte beaucoup et jamais les entrepreneurs de vidange n'ont fait entrer en ligne de compte, dans leurs contrats, le chiffre du loyer des immeubles à desservir.

La Ville fait œuvre d'entrepreneur. C'est un salaire qu'elle a droit de réclamer ; ce salaire, on ne saurait trop le répéter, doit être mesuré sur la valeur du service rémunéré. Il faut donc en chercher la juste mesure dans les contrats librement consentis, qui sont intervenus jusqu'ici pour le même service de particulier à particulier.

Votre Commission a été d'avis que le ménage seul devait

servir de base à la redevance et qu'il y avait lieu d'établir le tarif suivant :

Les maisons de 1 à 4 ménages paieront 25 fr.
» 5 à 8 » 40 »
» 9 à 12 » 60 »
» 13 à 20 » 80 »
» 21 et au-dessus 100 »

Les petites maisons jamais supérieures à 4 ménages paieront 25 fr.

La grande majorité, celles composées de 5 à 8 ménages, payeront 40 fr.

Les maisons de 9 à 12 ainsi que celles de 13 à 20 ménages, ordinairement habitées par des retraités, employés ou contre-maîtres, suivent à 80 fr. une sage progression.

Ce sont d'ailleurs les prix actuellement payés, à de rares exceptions près, aux compagnies de vidanges.

Pour celles de 21 ménages et au-dessus, que nous considérons comme de véritables maisons ouvrières, votre Commission a pensé qu'il convenait d'adopter pour elles une redevance unique de 100 fr., prix inférieur à celui exigé pour assurer un bon et régulier service de vidanges.

Quant aux établissements publics, usines, hôtels, cafés, maisons meublées, théâtres et autres locaux analogues, votre commission a été d'avis qu'il y avait lieu de les diviser en trois catégories au choix de l'administration et d'établir pour chacune d'elles une redevance qui ne pourra être inférieure à 40 fr. ni supérieure à 100 fr.

Les lieux d'aisance publics, considérés comme établissements d'utilité, paieront une redevance minimum de 25 fr. par cabinet.

Ainsi qu'on peut s'en rendre compte par le nombre des

ménages à Marseille, nous pensons que les prix ci-dessus établis seront rémunérateurs pour la Ville, que la perception en sera très facile et n'entraînera aucun frais.

Mais si, contre toute attente, le produit de cette redevance était insuffisant pour amortir en capital et intérêt les 33 millions exigés pour cette œuvre d'assainissement, il est juste que le surplus, s'il existe, soit demandé à la généralité des citoyens par voie de l'impôt.

Les propriétaires vont être appelés à faire des sacrifices considérables. Serait-il juste d'aggraver la position de beaucoup d'entre eux en exigeant le paiement comptant des frais de premier établissement pour le jet à l'égout et pour la prise d'eau ?

Votre Commission a pensé qu'il suffira, au moment de l'autorisation, de demander à l'administration que ces frais soient répartis en dix années, pour que ce délai leur soit accordé.

Il est bien entendu que les propriétaires de puisards actuels ayant déjà payé, les uns 50 fr. et les autres 25 fr. par mètre de façade, n'auront plus rien à débourser, si ce n'est la redevance les premiers, comme ayant déjà payé le prix exigé, et les seconds, comme ayant fait pour leurs conduites des frais supérieurs aux premiers.

TITRE VII

ARTICLE 25

Les fosses mobiles ou autres systèmes de vidanges ne pourront être maintenus ou établis que dans les cas prévus par l'article 20 et lorsque l'absence de l'égout, les dispositions de l'égout public ou de canalisation d'eau ou de toute autre cause ne permettront pas l'écoulement direct des matières de vidanges à l'égout.

Dans aucun cas, les puits absorbants, dits éponges, ne seront tolérés.

Ils devront être nettoyés à fond et comblés dans un délai maximum de six mois à compter du jour de la publication du présent arrêté.

Pas d'observation, si ce n'est que le délai de six mois courra du jour où l'égout fonctionnera.

ARTICLE 26

Les prescriptions des ordonnances, arrêtés et règlements non abrogés restent en vigueur en tout ce à quoi il n'est pas dérogé par le présent Règlement.

Formule commode pour le rédacteur, mais pas du tout pour les administrés, qui pourront difficilement se débrouiller au milieu de toutes les ordonnances, arrêtés et règlements accumulés les uns sur les autres.

L'arrêté Allard du 13 juillet 1886 méritait principalement l'honneur d'être nommé. On aurait eu ainsi l'occasion de dire quel sera le sort fait aux propriétaires qui, pour se conformer à cet arrêté et se soustraire aux poursuites, se sont décidés à installer l'appareil Mouras ou quelque appareil similaire qui, naguères préconisés, sont aujourd'hui condamnés à disparaître.

PROJET DE LOI

Relatif à l'Assainissement de Marseille

ARTICLE PREMIER

Est autorisée l'application, dans la commune de Marseille, du Règlement approuvé par délibération du Conseil municipal de Marseille, en date du 9 septembre 1890, relatif à l'assainissement de la ville et de l'habitation par l'évacuation à l'égout public des matières des vidanges, des eaux ménagères et pluviales.

Pas d'observation.

ARTICLE 2

Si, après mise en demeure, les propriétaires refusent de se conformer aux prescriptions du Règlement, le Maire pourra, par arrêté, faire évacuer et fermer l'immeuble.

Combien de temps après la mise en demeure ? six mois, un an, vingt-quatre heures ?

Ce que nous avons dit dans les observations générales au sujet de ce projet de loi, et spécialement de l'art. 2, nous dispense d'y revenir. Pour exercer un pouvoir aussi exorbitant, il faudrait une nécessité, nous ne dirons pas seulement de salubrité, mais de **salut public**.

Le législateur ne pourrait sanctionner un pareil article.

Votre Commission propose la modification suivante :

« Si un mois après la mise en demeure les propriétaires refusent de se conformer aux prescriptions du Règlement, ils pourront être poursuivis devant le Tribunal de première instance, lequel, après avoir entendu les contrevenants, statuera ce que de droit. »

ARTICLE 3

Indépendamment des droits de voirie, établis ou à établir pour le déversement à l'égout public, la ville de Marseille est autorisée à percevoir une taxe annuelle suivant un tarif fixé d'après l'importance de l'immeuble pour l'entretien et le curage des égouts publics.

Cette taxe municipale sera approuvée par un décret rendu en la forme du règlement d'administration publique.

Le recouvrement aura lieu comme en matière de contributions directes.

Le 1er paragraphe doit être ainsi modifié :

« La Ville de Marseille est autorisée à percevoir une taxe annuelle suivant un tarif fixé **d'après le nombre des ménages composant l'immeuble.** »

Tel est, Messieurs, le Rapport que votre Commission vous invite à approuver.

Le Rapporteur,
L. GAY.

La Chambre, après en avoir délibéré, adopte à l'unanimité le Rapport dressé par son rapporteur président, et le prie d'en adresser immédiatement un exemplaire certifié à M. Crémieux, conseiller de préfecture, chargé de procéder à l'enquête, pour être consigné au procès-verbal ouvert à cet effet.

Marseille, le 3 novembre 1890.

Le Secrétaire,
J. PÉTIN.

Le Président,
L. GAY.

www.ingramcontent.com/pod-product-compliance
Lightning Source LLC
LaVergne TN
LVHW022029080426
835513LV00009B/928